Die Erzählung des Werksherrn

Ernst Rauscher

Impressum

Autor: Ernst Rauscher
Umschlagkonzept: toepferschumann, Berlin

Verlag: tredition GmbH, Hamburg
ISBN: 978-3-8424-7050-7
Printed in Germany

Tucholsky Wagner Zola Scott Sydow Schlegel
Turgenev Fonatne Freud
Wallace
Twain Walther von der Vogelweide Fouqué Friedrich II. von Preußen
Weber Freiligrath Frey
Fechner Fichte Weiße Rose von Fallersleben Kant Ernst Frommel
Richthofen
Engels Fielding Hölderlin
Fehrs Faber Flaubert Eichendorff Tacitus Dumas
Maximilian I. von Habsburg Eliasberg Ebner Eschenbach
Feuerbach Fock Eliot Zweig
Ewald Vergil
Goethe Elisabeth von Österreich London
Mendelssohn Balzac Shakespeare Dostojewski Ganghofer
Lichtenberg Rathenau Doyle Gjellerup
Trackl Stevenson Hambruch
Mommsen Tolstoi Lenz Hanrieder Droste-Hülshoff
Thoma von Arnim
Dach Verne Hägele Hauff Humboldt
Reuter Rousseau Hagen Hauptmann Gautier
Karrillon Garschin Baudelaire
Damaschke Defoe Hebbel
Descartes Hegel Kussmaul Herder
Wolfram von Eschenbach Dickens Schopenhauer Rilke George
Bronner Darwin Melville Grimm Jerome Bebel Proust
Campe Horváth Aristoteles Federer
Bismarck Vigny Barlach Voltaire Herodot
Gengenbach Heine
Storm Casanova Tersteegen Gilm Grillparzer Georgy
Chamberlain Lessing Langbein Gryphius
Brentano Lafontaine
Strachwitz Claudius Schiller Kralik Iffland Sokrates
Katharina II. von Rußland Bellamy Schilling
Gerstäcker Raabe Gibbon Tschechow
Löns Hesse Hoffmann Gogol Wilde Gleim Vulpius
Luther Heym Hofmannsthal Klee Hölty Morgenstern
Roth Heyse Klopstock Kleist Goedicke
Luxemburg Puschkin Homer Mörike Musil
La Roche Horaz
Machiavelli Kierkegaard Kraft Kraus
Navarra Aurel Musset
Nestroy Marie de France Lamprecht Kind Kirchhoff Hugo Moltke
Laotse Ipsen Liebknecht
Nietzsche Nansen Ringelnatz
Marx Lassalle Gorki Klett Leibniz
von Ossietzky May vom Stein Lawrence Irving
Petalozzi Knigge
Platon Pückler Michelangelo Kock Kafka
Sachs Poe Liebermann Korolenko
de Sade Praetorius Mistral Zetkin

1.

»Nun sich die Gattin entfernt – Sie mögen's zu Gute ihr
halten;
Aber sie ist es gewohnt, so zeitlich die Ruhe zu suchen
Noch aus den Jahren, als streng d'rauf achtend mein se-
liger Vater
Hier im Hause gewaltet, und reichlichen Schlafes be-
darf sie –
Während ich selber des Abends nach eingenommener
Mahlzeit
Meistens noch länger verweil', still Dieses und Jenes
bedenkend –
Offen gestehen Sie nun, ob Sie schon des erquickenden
Schlummers
Wollen genießen im Fremdengemache des oberen
Stockwerks,
Oder ein Stündchen gemüthlich beim Glase noch sitzen
und plaudern? –«
Also zu seinem Gaste gewendet – der fahrenden Maler
Einem, wie sie im Sommer umherzieh'n wohl im Ge-
birgsland
Mit Malkasten und Schirm – sprach freundlich der
stattliche Werksherr.
Doch es erwiderte Jener, verbindlich den Kopf vornei-
gend,
Und aufstützend die Hände den Armen des gothischen
Lehnstuhls:
»Ungeziemend fürwahr durchaus wär's, stört' ich die
Ordnung
Dieses verehrlichen Hauses, das hold im Sturm und
Gewitter
Sicheren Schutz mir geboten, ein hochwillkommenes
Obdach,
Wo ich im tiefsten Gemüth mich befriedigt fühle, wie
draußen
Jetzt die Natur es geworden. Das letzte Gebrumme des
Donners

Ist in den Bergen verhallt, und verstummt das Getöse
des Regens;
Nur das Gepoche des Hammers, begleitet vom Rau-
schen des Wildbachs,
Schallt herüber gedämpft, eintönig und dumpf wie ein
Herzschlag.
Aber hier innen – mit welchem Behagen der wohnliche
Saal mich
Groß und geräumig umfängt! Wahrhaftig! Käm' es auf
mich an,
Wohl bis tief in die Nacht beim traulichen Schimmer
der Hänglamp'
Sah' ich und lauschte dem sachten Geticke der mächti-
gen Stockuhr
Auf dem behäb'gen Kamine, indessen die Blicke be-
trachtend
Musterten all' die Gemälde, die wohlgeordnet in Rah-
men,
Schöngeschnitzten, ringsum das Dunkel der Wände be-
leben.
Eines zumal ist darunter – das kleine dort – das mir
beim Eintritt
Stach in die Augen sofort, anmuthig durch Stoff und
Behandlung:
– Tivolis schäumende Fälle, darüber der Tempel der
Vesta –
Möcht' ich doch wetten, gemalt hat's einer der tüchtigs-
ten Meister? –«
Sprach's, mit der Hand hinweisend auf's liebliche Bild-
chen. Der Hausherr,
Lächelnd entgegnete er: »Nicht forschen Sie weiter! Der
Meister
Längst schon ist er gestorben, will sagen: schon todt für
die Kunst längst.
O, wie hätte – dieweil er noch lebte – solch' trefflichen
Künstlers
Anerkennendes Wort ihn erfreut! Jetzt kann er nur lä-
cheln.
Ja! Sie verstehen mich recht. Ich selber malte das Bild-

chen,
Einst – viel Jahre verflossen seitdem – als der thörichte
Jüngling
Wahnverblendet noch meinte, er sei der Erkorenen Ei-
ner,
Welche die Mitwelt rühmt und bewundernd preiset die
Nachwelt.
Holder, entzückender Traum, geträumt im Lande der
Schönheit!
Grausam bitt'res Erwachen! – Doch dieses sind alte Ge-
schichten. –
Stoßen Sie an! Hoch lebe die farbige Kunst, und es lebe,
Wer sich, wie Sie, ihr gänzlich ergab, und mit Freuden
sie ausübt!« –
– Schnell den gefüllten Pokal erhob nun der Maler –
wie Purpur
Glänzte darinnen der Wein – und that anklingend Be-
scheid so:
»Ja! Hoch lebe die Kunst, die in des entlegensten
Bergthals
Felsiger Einsamkeit, mit farbigem Reize die Wohnung
Ausschmückt heiter und schön, zum Erstaunen dem
nahenden Fremdling!
Hätt' ich doch nimmer vermuthet, in diesem verborge-
nen Waldschloß
Werd' ein Genosse der Kunst, der ich selbst mich ge-
weiht, mir begegnen!« –
»Nein! Der bin ich mit nichten, anmaß' ich mir nimmer
den Titel,
Weil Ein Bildchen vielleicht im feurigen Drange der Ju-
gend
Mir zur günstigen Stunde gelungen« – versetzte der
Werksherr,
Und in erhobenem Ton fortfuhr er entschieden zu spre-
chen:
»Wohl zu beneiden ist, dem Natur ein starkes Talent
gab,
Schönes zu bilden, sich selber zur Lust, zum Genusse
den Andern,

Ferner ein Herz, ein starkes, dazu, welches Tadel und Beifall
Unerschütterlich trägt, und der Menschen wechselnde Meinung!
Fest, niewankenden Schritt's, beglückt von Erfolg zu Erfolg fort
Wandelt er muthig die Bahn, und erringt sich dauernden Nachruhm.
Aber wer zärtlich gesinnt und empfindlich, und mäßig begabt nur
Läßt sich in's Weite verlocken von schmeichelnden Stimmen – gar bald, ach!
Sieht er sich bitter enttäuscht: Mißtrauen und Zweifel und Argwohn
Fallen ihn an, und zehren allmälig sein ganzes Talent auf.
Heil ihm, hält das Geschick bereit eine Stätte der Zuflucht,
Wo er sich wiederfindet, fortan im beschränkteren Kreise
Thätig zu sein, und mit Ehren den Platz in der Welt zu behaupten!
Haben ein treues Gemüth ihm überdies gnädige Götter
Aufbewahret daheim, deß innige Liebe Ersatz ihm
Beut für manches Entsagen und manche gescheiterte Hoffnung –
Nun – so mag er zuletzt als zufriedener Mann der Verirrung
Früherer Tage sich ruhig erinnern und danken dem Schicksal,
Das ihn zum Ziele geführt, zum gemäßen, auf mancherlei Umweg!« –
– »Richtig bedünkt mich dies Alles gesprochen, wenngleich es mir freilich
Nimmer geziemt, Herr, näher zu forschen, wiefern es Bezug hat
Auf Ihr eigenes Leben, und Ihre besond're Erfahrung!«
Also der Maler, und weiter sodann nach kurzem Besinnen:

»Aber es scheint mir beinah', als deutete es nach dem Lande,
Nach dem »gelobten« der Kunst – nach dem einzigen, gold'nen Italien.
Das wohl Keiner vergißt, der es einmal geschaut, und wohin ich
Wieder zu pilgern gerad' im Begriff. – Sein entzückender Himmel,
Also er lachte auch Ihnen? Fürwahr! – wofern ich nicht bangte,
Ihnen im Geiste vielleicht ein unliebsames Erlebniß
Wachzurufen – begierig zu wissen wär' ich, mit welchem
Zauber auch Ihnen den Sinn die Sirene der Länder umstrickt hat?
Denn wer hörte nicht gern auch And're erzählen von Dingen,
Die ihm selber ans Herz gewachsen!« –

– »Und ach! wer beschwöre
Gerne die Zeit nicht zurück, nicht die Tage der blühenden Jugend!
Ob er auch vorwurfsfrei nicht ihrer gedenke! – Wohlan denn!
Lebhaft bin ich erregt, und wer weiß, wann wieder der Zufall
Mir einen Hörer bescheert, der bestimmt wär' mit solchem Verständniß
»Vom verlorenen Sohne« – die alte Geschichte zu hören! –
Aber – ich sag' es voraus – erwarten Sie nicht, von durchschwelgten
Nächten, von tollen Gelagen, von Dirnen und Spiel zu vernehmen!
Nein! Dergleichen ist nichts in meiner Geschichte, und Vielen
Mag sie gewöhnlich erscheinen – vielleicht auch Ihnen erscheint sie's. –
Frei dann heraus es gesagt! – Ich möchte den Gast nicht

beschweren,
Sachen berichtend, auf die er nur schwach, mit ge-
zwungenem Antheil
Horchte, statt ihn zu erfreu'n, wie's die Pflicht heißt jeg-
lichem Hauswirth!« –
Stumm zunickte der Künstler, gespannt austauschend,
als nunmehr
Jener, zurück sich lehnend, gemach anhub zu erzählen:

»Wo ich Sie heute getroffen, vertieft in die emsigste Ar-
beit,
Als mit Macht das Gewitter, das lang schon drohte,
heraufzog
Auf der gesattelten Höh' – dort saß ich selber des Mor-
gens
Einst mit Palette und Pinsel, im reizenden Lenze des
Lebens.
Frühling war es noch kaum, im Schatten des Fichten-
gedickichts
Lag noch Schnee, Anemone und Primel erhoben erst
schüchtern
Hüben und drüben die Köpfchen, umflossen vom son-
nigen Lichtblau
Glitzerten fernherüber die silbernen Spitzen der Alpen.
Einsam saß ich und malte; doch wollte die Skizze nicht
vorwärts.
Übellaunig, zerstreut, und peinlich vom innern Zwie-
spalt
War ich zur Stunde bedrängt. Kurz vorher hatte beim
Frühstück
Trocken der Vater verkündigt in seiner gemessenen
Weise,
Daß ich die Hochschul, nimmer bezieh'n soll; nein! – in
der Heimat
Bleiben fortan, um von ihm unterwiesen, mich für die
Gewerkschaft
Praktisch zu bilden, der einst selbstständig als einziger
Erbe
Vorzusteh'n ich bestimmt. Schwer traf mich dies Wort,

wie ein Blitzschlag.
Zwar nichts sprach ich dagegen; doch wieder und wieder bedacht' ich's
Hier in der Stille des Wald's, und erwog ich mein künftiges Dasein,
Ach! so erschien mir der Graben zu Füßen ein enges Gefängniß,
D'rin sie verschmachten mir sollte die freiheitbedürftige Seele.
Siehe! – Da lag er in mäßiger Tiefe, darüberhin qualmte
Schwärzlichen Rauches Gewölke, und deutlicher bald, bald gedämpfer
Scholl der Maschinen Gepolter herauf im ermüdenden Gleichtakt.
Bang abwandt' ich mich schaudernd –; es schwangen sich meine Gedanken
Weitweg über das Land nach des Reichs volkswimmelnder Hauptstadt
Wogend von Leben und Lust, allwo man im edelsten Wettstreit
Ringt um die Palme auf jedem Gebiet, auf jenem zumal auch,
Das mir als höchstes gegolten, der Malkunst, der ich mit Eifer
Pflag in der Akademie, – versäumend Physik und Mechanik –
Liebenden Freunden vereint, gleichstrebenden. Einem vor Allen
War ich vertraulich gewogen, auch er nicht weniger herzlich
Mir, dem Jüngern geneigt. Weitaus vor den andern befähigt
Er war's, welcher zuerst anfachte den schlafenden Funken
Mir in der Brust, und zuerst mir die tastenden Schritte geleitet.
Seiner nun mußt' ich gedenken, gedenken beglückender Stunden,
Jüngst noch genossener, da in phantastischen Plänen

der Zukunft
Schwelgend, hesperische Träume wir spannen: in Rafaels Heimat
Froh uns die Stirne zu kränzen mit unverwelklichem
Lorbeer!
Ob er mich völlig vergessen? – Er hatte in allen den
Wochen,
Die ich, vom Vater berufen, zu Hause schon weilte,
kein Wörtchen
Mir noch als Kunde gesandt. – So besser für mich, den
Geschied'nen!
Sollt' ich doch nimmer zur Stadt, um, dem trauten Gefährten verbrüdert,
Auszuüben, wozu natürlicher Drang und Bedürfniß
Unwiderstehlich mich trieb, nein! als ein lebendig Begrab'ner
Hier im Gewinkel verkommen des kleinen, verschollenen Berglands,
Und mich um Dinge bemühen, die nichtig mir däuchten und werthlos!
Horch! Da erklingt's hinter mir von Schritten, als
klömme ein Wand'rer
Rüstig die Lehne hinan, aufspring' ich, Palette und Pinsel
Laß' ich entsinken vor freudigem Schreck: »Du – Heinrich! Ist's möglich?«
»Ja! Freund Rudolf – ich selbst!« – Schon liegen wir uns
in den Armen.
Aber nachdem sich das Staunen gelegt, und der ersten
Begrüßung
Stürmischer Taumel, befragt' ich ihn hastig, wohin er
den Ausflug
Richte so zeitlich im Jahr? – denn schwerlich bewog ihn
die Absicht
Mich zu besuchen allein: ihn einzuladen mit Nachdruck
Niemals hatt' ich's gewagt – zu wohl war des Vaters
Gesinnung
Gegen den Stand mir bekannt, den Heinrich erkoren –;

doch dieser
Streichend sein blondes Gelock gab heiteren Muthes
zur Antwort:
»Wie Du hier mich erblickest, gerüstet mit Stock und
mit Ränzel,
Bin ich ein Göttergeliebter, der nach den Gefilden, die
jenseits
Blühen der Alpen, – wohin mich, Du weißt es, ein
brennend Verlangen
Zieht seit Jahren bereits – antrat die geheiligte Wall-
fahrt.
Wahrlich! behagt es mir dort, und verdien' ich genug,
um zu leben.
Bleibend lass' ich mich nieder vielleicht, und das frosti-
ge Deutschland
Sieht mich nicht mehr, wo das Herz einfriert und die
Sinne verhungern,
Schmachtend nach Farbe und Licht. D'rum auf! nach
dem sonnigen Süden!
Schnüre Dein Bündel auch Du, und ergreife den güns-
tigen Anlaß!
Schau'! den Weg erwählt' ich mir eigens – ob alle nach
Rom auch
Führen. – So zeig' Dich erkenntlich dafür! Freund,
weig're die Herberg'
Heute mir nimmer! und morgen dann fröhlich zusam-
men in's Weite!« –
»Glücklicher Du!« ausrief ich mit Seufzen – »dem inne-
ren Antrieb
Einzig nur brauchst Du zu folgen, und frei, wohin Dich
die Sehnsucht
Lockt, die gewaltige, zieh'n, Dein eigener Herr und Ge-
bieter!
Glücklicher! – Wenn es von mir abhinge, besänn ich
mich lang nicht:
Heute, noch diesen Moment aufbräch' ich mit Dir nach
Italien!
Aber ich bin ja gehemmt und gebunden. O Lieber! Du
weißt ja –

– Sprach ich auch selten davon – wie ungern der zür-
nende Vater
Ließ mich gewähren solang. Ach! keinesfalls möcht' es
gelingen,
Ihn zu bereden. Seither ist's schlimmer und schlimmer
geworden!« –
»Ewig die gleiche Geschichte!« – erwiderte Heinrich
mit Unmuth;
»Ewig die gleiche Geschichte, daß ängstlich der Weise
des Vaters
Soll sich bequemen der Sohn, und Kind soll bleiben,
wann längst er
Mündig geworden erfuhr, was zumeist ihm nütze und
fromme!
Wie? Dein schönes Talent, hinwelken soll es, verderben
Hier in der Enge des Lebens – als wär' es ein schädli-
ches Unkraut –
Ferne von Sonne und Luft, nun, da es ersprießlich erst
anfängt,
Sich zu entfalten? – Du sollst einschrumpfen zum
trock'nen Geschäftsmann? –
Nein! das verhüte der Himmel! das wäre ja Sünde und
Schande!« –
Also der Freund sich ereifernd. Wir hatten indessen
den Pfad sacht
Niederzusteigen begonnen, der vielgewunden und steil
sich
Senkt von der Höhe zu Thal. Bald schritten wir unten
das milde
Schäumende Wasser entlang, auf der breiteren, ebenen
Straße
Nebeneinander dahin, austauschend bequemer die Re-
den.
Heinrich, vergnügt und voller Vertrauen, es werde am
Ende
Alles nach Wunsch noch geh'n; ich bang und besorgt
im Geheimen
Ob des Empfanges zunächst, der im Vaterhause dem
Freunde

Werde bereitet werden. – Geschmiegt an den waldigen Abhang
Siehe! da lag es bereits, wir traten zusammen durch's Thor ein.

Schweigen und Zwang nur herrschte am Tisch, an dem wir zu Mittag
Waren versammelt, nicht fröhliche Laune, kein munteres Scherzwort
Würzte die Speisen des Mahls, die verschlossene Miene des Hausherrn
Lähmte uns Allen die Zunge. Mit niedergeschlagenen Augen
Dasaß Bertha, mein Mühmchen, befangen, und Heinrich, der arglos
Plauderte noch im Beginn – auch er verstummte verschüchtert,
Als er gewahrte zuletzt, welch drückender Geist in der Luft lag.
Aber mir schlug unbändig das Herz, kaum trug ich's – am liebsten
Wär' ich vom Sessel gesprungen sogleich, und in's Freie gelaufen.
Endlich – dem Himmel gedankt! – war zu Ende die traurige Mahlzeit,
Und wir erhoben uns rasch, und verließen das Zimmer. – Da winkte
Mir mit dem Finger der Vater bedeutend, voraus durch den Hofraum
Ging er, die Hand' auf dem Rücken – es war so seine Gewohnheit –
Nach der Kastanienallee, die den Park mit der Straße verbindet.
Zaudernd nur folgte ich ihm, unlustig, mir ahnte nichts Gutes –
Aber nun blieb er steh'n und tiefaufathmend, als hätt' er
Lange zu reden im Sinn, anhub er gelassen: »O Rudolf!
Redlich – weiß Gott! – waren immer bemüht, wir, ich

und die Mutter
– Weil sie noch lebte – aus Dir einen tüchtigen Menschen zu machen.
Welcher mit Nutzen dereinst vorstünde dem Werk, und betriebsam
Mehrte den schönen Besitz, den die fleißigen Ahnen geschaffen,
Leider, so scheint es, vergebens! – Denn freilich die beste Erziehung.
Nimmer zu schützen vermöchte sie Dich vor dem schädlichen Einfluß
Jener, die thöricht gesinnt, leichtlebig, vom richtigen Wege
Dich in die Irre verleiten.« – »Nicht weiter! Verzeihe!« –
Entschieden
Fiel ich dem Vater in's Wort – »Verrätherisch wär' es und schmachvoll.
Wenn ich den Freund nicht vertheidigte, welcher zur Stunde als Gast weilt
Hier, unter unserem Dach! – Auf ihn ja zielst Du. – So wisse:
Ehrlich ist er und brav, und getreuester, herzlichster Freundschaft
Würdig in jedem Betracht, auch wird sein Name mit Achtung
Längst allerorten genannt, wo künstlerisch Wollen und Können
Höchlich den Menschen empfiehlt, und bei mehr als einer Bewerbung
Ward sein Talent mit dem Preise gekrönt!« – So sprach ich mit Wärme.
Aber der Vater darauf, ungläubig lächelnd: »Talent? –
Ja!
Jeder vermeint es zu haben, und Wenige haben's in Wahrheit.
Künstlerisch Können? Ei! laßt mich zufrieden; – zu arg ist der Unfug.
Welcher damit wird getrieben, zu überschwänglich die Anzahl

Derer, die heutzutag' von den Musen sich dünken be-
gnadet,
Eitel sich selbst überschätzend! – Und steht Dir als
warnendes Beispiel
Nicht Dein Onkel vor Augen, verkommen in Mangel
und Elend?
Er, der jung sich vermaß, hellprangend am Himmel der
Tonkunst
Aufzugehen als neues Gestirn! O hätte der Aermste
Besser sein Inn'res geprüft, und statt dem Phantom der
Berühmtheit
Nachzujagen, bescheiden verwaltet sein väterlich Erbt-
heil:
Seßhaft auf eigener Scholle, ein taugliches Glied der
Gesellschaft,
Glücklich lebt' er annoch und geehrt im gemächlichen
Wohlstand –
Ach! und sein einziges Kind, die bedauernswürdige
Bertha
Wäre vermöglich wie Du!« –

        »Und winkten die Schätze der Welt mir –
Gerne Verzicht' ich auf sie, wofern ich sie mit der Ver-
leugnung
Sollte erkaufen des eigensten Selbst, und entsagen der
Laufbahn,
Die mir Natur anweist und die angeborne Begabung!«
–
Also rief ich, entschlossen, vom Herzen zu wälzen mit
Einmal,
Was ich zu lang schon getragen; der Vater jedoch un-
terbrach mich
gleich im Beginne und sagte in seiner gemessenen Wei-
se:
»Müßige Worte genug! Frei stehet die Wahl Dir; doch
Eines
Geb' ich Dir noch zu bedenken, mein Sohn, überleg' es
Dir weislich!
Wenn Du auf Deinem Sinne beharrst, und mehr Dir des

Freundes
Urtheil gilt, als der Wunsch' und entschiedene Wille
des Vaters,
Ganz dann sei auf Dich selber gestellt, sei jeglichen
Rückhalts
Fürder von unserer Seite beraubt – solange Du trot-
zest!« –
Sprach's und ließ mich alleine, zur Beute dem wogen-
den Aufruhr
Meiner Gefühle. Ich warf auf die Bank mich, bedeckte
das Antlitz
Mir mit den Händen, und sank nichtsdenkend in düs-
teres Brüten.
Plötzlich erweckte mich sachte ein Schlag auf die Schul-
ter: vor mir stand
Heinrich, gerüstet mit Ränzel und Stock, theilnehmend
begann er?
»Lebe denn wohl! O hätt' ich geahnt, ich könnte der
Anlaß
Solchen Verdrusses Dir werden – ich wäre sofort nach
dem Grenzmarkt
Aufgebrochen, – zwei Stunden ja liegt er entfernt nur,
und wenn ich
Wacker marschire –«

　　　　»Du willst mich verlassen in dieser Bedrängniß?
Einziger, der mich versteht!« – ausrief ich erschrocken,
und Heinrich:
»Gerne bis morgen ja wär' ich geblieben: doch ist es
unmöglich!
Wie mich Dein Vater .... genug! Du begreifest, verweilt'
ich noch länger –
Schwerlich vermöcht' ich gelassen zu bleiben, so sehr
ich den Frieden
Liebe, und nichts mir verhaßter, als heftige Scenen. Um
Dein'thalb
Thät' es mir leid, wahrhaftig! und Bertha's. Ein herrli-
ches Mädchen!
Gut und verständig, und wie sie Dich liebt! Wohl

merkt' ich es deutlich,

– War sie es auch zu verbergen bemüht – als vorhin im Garten

Wir uns von Dir unterhielten. Ich lasse noch einmal sie grüßen.

Aber nun wirklich Ade! Rasch bricht im Gebirge die Nacht ein,

Wann sich die Sone geneigt. Sieh! niedergestiegen schon ist sie

Hinter den waldigen Kamm! Lebwohl! – und ein Weit'res aus Wälschland!«

Sprach es, umarmte mich flüchtig, und durch die Allee auf den Fahrweg

Schritt er hinaus, alsbald um die Ecke verschwand er – ich staunte

Thränenden Blick's ihm nach, dann rafft' ich mich auf, und von tausend

Zweifeln gepeinigt, mit fieberndem Kopf, wie in Träumen des Irrsinns

Wahllos lief ich umher auf den Wegen des Parkes. Zum Lusthaus

War ich so endlich gekommen, das hinter dem Schloß auf dem höchsten

Punkte des Hügels erbaut. Gar schön ist von oben die Aussicht,

Abends zumal; doch jetzo war's freilich zu dunkel, schon sah man

Röthliche Funken in Garben entsprühen den Essen des Schmelzwerks,

Und aus den Fenstern hervor schon glänzen manch trauliches Lichtlein

Da und dort am Gehäng, wo die Häuser der Hüttler verstreut sind.

»O zu Beneidende, die Ihr des schlicht-einförmigen Daseins

Klarumschriebenen Kreis ausfüllt, und nimmer den Stürmen

Werdet ein Raub, wie mich sie durchtoben! – Beim Himmel! Ein Ende

Mach' ich der Qual noch zur Stunde, und bringe zur
Reife mein Schicksal–
Werde was wolle daraus!« – Ein jäher, verzweifelter
Vorsatz
Zuckte mir durch das Gemüth, Kraft fühlt' ich zum
Aeußersten. »Fliehe!«
Rief es in mir – »und zerreiße auf immer die Fesseln der
Heimat!«
Aber ein heftig Verlangen erfaßte mich, früher noch
einmal
Bertha zu sehen, und rasch durch's Gehölze hinunter
den Fußsteig
Sprang ich zum Ofen, darinnen das Erz wird ge-
schmolzen – da pflegte
Meist sie des Abends zu weilen und zuzuschauen dem
Abstich. –
Richtig verweilte sie heute auch dort auf niedrigem
Bänklein
Unter dem hohen Gewölb' – so lieblich erschien sie
noch nie mir!
Wie sie so still dadaß bei den schwitzenden, rußigen
Männern,
Die im Geschnaube der Flammen hantirten mit Stangen
und Zangen,
Schien sie ein Engelsgebilde, der Hölle zum Troste ge-
sendet!
Aber nun sah sie mich stehen am Thor der cyklopi-
schen Werkstatt,
Und schnell kam sie heraus auf den freieren Platz vor
der Hütte,
Wo das gedämpftere Lärmen ein leiseres Wort nicht
verwehrte.
»Rudolf« – sprach sie – »Du bist es, allein? So verließ er
uns wirklich?«
»Sollte er warten vielleicht, bis er ärgeren Schimpf noch
erlebte?«
Bitter versetzte ich d'rauf; doch begütigend sagte das
Mädchen:
»Nimmer so schlimm ja war es gemeint. O habe doch

Nachsicht!
Alt ist der Vater bereits – und bedenke! gar mancherlei Sorgen
Lasten auf ihm, er däuchte mir heute gebeugter als jemals.
Daß er den Freund Dir gekränkt – o wüßtest Du, wie es mir leid thut!
Er auch bedauert's im Stillen gewiß – das kannst Du mir glauben.
Gleichwohl habe Geduld! und wenn er Dich morgen in's Bergwerk
Will mitnehmen, so mach' ihm die Freude, und zeige Dich willig!« –
– Ach! schon sah ich im Geiste mich durch die beklemmende Dumpfheit
Düsterer Stollen geschleppt und hinuntergesenkt in der Schächte
Lebenerstickende Gruft: mir stockte der Athem, und krampfhaft
Zog sich zusammen das Herz. Abbrechend dem Mädchen zur Antwort
Gab ich – ich weiß nicht was – und fort schier ohne Besinnung
Stürzt' ich die Straße entlang, die vor Kurzem erst Heinrich gewandert,
Ohne mich umzuseh'n, blind stürmt' ich dahin durch die Lenznacht. –

2.

»Auf! Erheit're die Stirne! Dies Grübeln und Sinnen,
begreiflich
War's und natürlich am Ende, solange Du noch nicht
in's Reine
Warst mit Dir selber gekommen; doch kleidet's Dich
nimmer, nachdem Du
Männlichen Sinnes gewagt, was schließlich, ob früher,
ob später
Einmal doch wagen Du mußtest, und siehe! das Erste
und Schwerste
Hast Du bereits überstanden, mein Lieber! Ich müßte
mich wahrlich
Schlecht auf die Väter versteh'n, wofern ich's hielte für
möglich,
Daß ihr Zürnen zuletzt nicht die Bitten der Kinder ent-
waffnen!
Deiner auch – sei überzeugt! – so hart er bisher sich ge-
berdet,
Läßt mit der Zeit sich erweichen, und hast Du als
Künstler Dich nur erst
Tüchtig bewährt und erhoben, und liest er Dein Lob in
der Zeitung –
Alles vergißt er, und stolz erkennt er Dich wieder als
Sohn an.
Lass' Dir darum den Genuß an der herrlichen Welt
nicht vergällen
Durch unzeitige Skrupel, und denke nicht mehr des
Vergang'nen!« –
Also war Heinrich beflissen, mich fröhlich zu stimmen,
wie er war.
Als wir im leichten Gefährt in der thauigen Frische des
Morgens
Rollten hinab in's italische Land durch die schattige
Felsklamm.
Aber nur wenig verfingen die tröstlichen Worte, – zu
lebhaft

Standen vor mir noch die Bilder des gestern Erlebten. Geschäftig
Malt' ich mir aus das Entsetzen der Meinen, die tiefe
Betrübniß,
Wie sie vergebens mich suchten, der still, wie ein Dieb
sich davonschlich,
Malte mir aus das Ergrimmen des Vaters – ich hatt' aus
dem Grenzmarkt
Ihm durch den Boten ein Schreiben gesendet, darin ich
noch einmal
Alles zusammengefaßt, was fort mich trieb aus der
Heimat,
Nimmer das Ziel auch verschwiegen der künftigen Rei-
se, und innig
Dringend erbeten ein Zeichen, ein baldiges, daß mir
verzieh'n sei, –
Wird es mir werden, und wann? – Oder soll ich im
Ernst ein Verstoß'ner
Bleiben von Herz und Haus, wie's angedrohet mir
streng ward?
Solchergestalt abmarternd mich selber, die Flucht in die
Ferne
Jetzo bereuend und jetzt gutheißend als einzige Ret-
tung,
Saß ich umwölkten Gesichts an der Seite des Freundes,
der Gegend
Niedergeschlagen nicht achtend; es wäre das blühends-
te Eden,
Ohne bewundert zu werden, dem Auge vorübergeflo-
gen.

Aber die Tage vergingen, und leuchtender wurde die
Sonne,
Blauer der Himmel, gelinder die Lüfte, je tiefer wir
südwärts
Kamen von Stadt zu Stadt – hier kürzer, dort länger
verweilend –
Durch die gesegneten Auen, die wunderverheißend im
Vollschmuck

Prangten des Lenzes, und stündlich bezaubernder noch
sich enthüllten.
Wie holdselig die Braut von der Stirn des verstimmten
Geliebten
Finstere Wolken verscheucht, andringend mit freundli-
chem Scherzwort –
– Halb nur vernimmt er es erst, und er heftet zu Boden
den Blick noch –
Aber sie läßt nicht nach, einschmeichelnde Reden zu
führen
Und ihn süß zu umkosen, bis daß er bezwungen vom
Liebreiz
Ihrer Geberde, dem Bann sich entwindet, und lächelnd
sie anblickt:
So das verlockende Weib Italia: rosiger Zukunft
Hoffnung flößte sie neu in's Gemüth mir. O göttlicher
Süden!
Größere Schmerzen schon hast Du geheilet, und hatt'
ich vollauf auch
Gründe zur Selbstanklage – der glückliche Leichtsinn
der Jugend
Ward er nicht mir auch zu theil? und der schäumende
Becher der Schönheit,
Sollt' er mich minder berauschen, dieweil's ein verbote-
ner Trank war? –
Einst, gegen Abend – wir hatten des Apenninenge-
birgszugs
Höhe gewonnen, das Tagesgestirn, gluthtrunken ver-
sank es
Eben im goldenen West, und die weite toskanische
Landschaft
Lag uns zu Füßen verklärt, paradiesisch, in bläulicher
Dämm'rung –
Völlig zu Nichts da verblaßten die traurigen Bilder des
Nordens –
Vor der entzückenden Schau, und vom Wonnegefühl
überwältigt
Rief ich, die Hand ausstreckend, begeistert: »O siehe!
da liegt es,

Siehe! da liegt's leibhaftig, und herrlicher, als wir es jemals
Schauten im Traum, das gepriesene Land, wo wiedergeboren,
Sich der befreite Geist aufraffen zu höherem Flug soll!
Aber so werde mir nun mein bisheriges Ringen zum Traume,
D'raus ich erwachte, um frisch zu beginnen ein anderes Dasein,
Ledig der Bande, die einst mich gehemmt, los jeglicher Rücksicht!
Bist ja doch Du mir geblieben! Mag unversöhnlich die Heimat
Immerhin auch mißtrauen dem Stern, der mich führte –: solange
Du an mich glaubst, soll kein Gott, mich bewegen zu reuiger Umkehr!«
Beifall klatschte den Worten der Freund und versetzte befriedigt:
»Endlich ein tapferes Wort, und gesprochen mit vollem Bewußtsein!
Ha! beim Apoll! – Du verdientest auch nicht den balsamischen Lufthauch,
Der uns umfächelt, zu trinken, wofern Du länger verstockt bliebst!
Freilich, die Luft, hinreicht sie zum Leben nicht einzig, begnügsam
Wirst Du für's Erste gewöhnen Dich müssen, manch' Ding zu entbehren
Das dem Verzärtelten wohl mag unentbehrlich erscheinen;
Aber beharrst Du fest, ausdauernden Sinnes, und fehlst Du
Nimmer Dir selber, so kann's an Erfolg Dir nicht fehlen!
– Bis dahin
Brüderlich theilen wir, was ich besitze; mit reichlichen Zinsen
Zahlst Du's dereinstens zurück, wann Dein eigenes Glück neu aufblüht!«

Also besiegelten wieder und wieder den traulichen
Bund wir
Auf apenninischer Höhe allein. – Gleichwie sich die
Wasser
Scheiden auf jenem Gebirge, so flossen entgegengesetz-
ten
Richtungen folgend, die Ströme auch meiner Gedan-
ken, der eine
Träge und bald eintrocknend nach Norden; hingegen
der and're!
Sprudelnd und quellengenährt in die goldenen Fluren
des Mittags
Eilt er hinab kraftschmellend, und lustig mit purpurnen
Wimpeln
Schaukelte sich auf den tanzenden Wellen der Nachen
der Hoffnung –.
Nie ach! so sehr ich mich selber betrog, und von An-
der'n betrogen
Ward in der Folge –, so sehr mich das Leben enttäuscht
und ernüchtert–
Nie der Stunde vergess ich, o nimmer der Tage und
Nächte,
Die wir am Arno durchschwärmt, und solange ich
athme, wird nichts je
Mir in der Seele verwischen die Größe und Weihe des
Eindrucks,
Als wir der ewigen Stadt annahten, und über dem
Lichtschein
Sahen am Himmel zuerst aufglimmen die ewigen Ster-
ne –!

3.

Also nun waren nach Rom wir gekommen, der heißes-
ten Sehnsucht
Ziel, jetzt war es erreicht. Wie unaussprechlich genuß-
voll
Flogen die Tage und Wochen dahin im bewundernden
Anschau'n
All' der gewaltigen Werke der Kunst, die so manches
Jahrhundert
Hier aufhäufte verschwenderisch: Tempel, Paläste und
Kirchen,
Brücken und Bögen und Brunnen, Ruinen aus Marmor
und Backstein,
Säle erfüllt mit Gemälden und Wundergebilden des
Meißels! –
Aehnlich dem bergebesteigenden Mann, der die Spitze
der Hochalm
Glücklich erklomm, und sich weidet nunmehr an der
prächtigen Rundschau,
An dem Gewimmel der Zinken und Kuppen, der Gip-
fel und Firnen,
Die durcheinandergethürmt aufragen im riesigen Um-
kreis –
Schwindel erfaßt ihn zunächst, und verwirrt nicht weiß
er, auf welche
Seite sich wenden, begierig die Massen zu sondern mit
planvoll
Ordnendem Geist, und dabei auch das Einzelne nicht
zu versäumen –:
Augen nicht hatt' ich genug, um den unermeßlichen
Reichthum
Ganz zu erschöpfen, und schier ein Verzagen ergriff
mich, die Fülle
Je zu bemeistern, die hüben und drüben sich bot der
Betrachtung.
Und wie sich Jenem die Brust und das Herz ausdehnt
und erweitert,

Wenn die erhab'ne Natur ihn köstlich, die älpliche, an-
weht,
So auf der Höhe der Zeiten, umfluthet vom Äther der
Kunst hier,
Schöpferisch fühlt' ich erregt mich und festlich geho-
ben. In solcher
Stimmung erhielt ich ein Schreiben – das erste, seitdem
ich die Heimat
Hatte, ein Flücht'ger verlassen – von Bertha: »Sie hätte
mir längst schon
Kunde gegeben« – so schrieb sie – »doch immer es
wieder verschoben,
Weil sie den Vater zuvor mit mir zu versöhnen gehofft
hat;
Aber der blieb unbeweglich, und wolle nichts hören
von Ausgleich,
Kehr' ich sofort nicht zurück. Zwar falle ihr schmerzlich
die Meldung;
Gleichwohl mochte sie länger nicht harren mich lassen
auf Nachricht.
Was nun sie selber betreffe, so wünsche und hoffe sie
herzlich,
Daß es mir gut stets ging' in der Fremde, und jegliches
Streben
Immer zum Glück ausschlüg' und vom besten Gelingen
gekrönt sei!« –
Also der Brief. Aus den scheuen, verhaltenen Zeilen,
wie flehend
Mild anblickten mich sinnig die Augen des liebenden
Mädchens
Vorwurfsvoll, und es klang mir hervor die bewegliche
Stimme,
Wie in der Stunde des Abends, des letzten, in der sie
vor mir stand,
Sanft mich beschwörend, die Gute; ich aber entschlos-
sen mich losriß –
Hatt' ich es damals vermocht, wo die wirkliche Nähe
mich anzog
Ihrer lebend'gen Gestalt, wie hätte ein blaß Phantasie-

bild
Jetzt mich zum Wanken gebracht? – Nein! kaum erst
entstanden, verschwand es
Sowie ein Schatten der Nacht hinschwindet im Glanze
des Tages.
»Eher nicht wiederbetret' ich die heimische Schwelle,
als bis ich
Aehnliche Werke geschaffen, wie die hier, welche des
Zeitstroms
Reißende Fluth überdauert, und hoch mein Name be-
rühmt ist
Rings in den Ländern umher vor all den Malern der
Jetztzeit!«
Rief ich, verhärtend, mein Herz, fest jeden Verkehr mit
den Meinen
Fürder zu lösen gewillt. Gleichgiltig, in trotzigem Un-
muth
Legt' ich bei Seite das Blatt; vorerst doch zeigt' ich's
dem Freunde,
Lächelnd besah er's und sprach:»Wir haben nichts An-
der's erwartet.«

Aber nachdem wir befriedigt der schönheitlechzenden
Seele
Ersten und glühendsten Durst, und die hungrigen Au-
gen ersättigt,
Ernstlich gedachten wir nun auch Genüge zu thun der
Berufspflicht,
Wie dem erhabenen Zweck, der uns her in die ewige
Stadt führt'!
Denn nicht waren hieher wir gekommen, nur müßig
empfangend
Durch Galerieen zu wandeln gleich ander'n Beschau-
ern; aus Eig'nem
Sollten wir Früchte nun geben, im günstigsten Klima
gezeitigt;
Lange ja hatten wir Beide gefeiert – nun galt es zu
schaffen
Neu, mit gesammelter Kraft, und entfernt vom zer-

streuenden Weltlärm
Einsamstill zu gestalten in abgelegener Werkstatt,
Was dereinstens zum Kauf anlockte den sinnigen Kenner,
Sieht er zur Schau es gestellt. – In Trastevere hatt' ich
ein Stübchen
Mir, ein bescheid'nes, gemiethet, nicht weit von dem
Hause, wo Heinrich
Nahm sein Quartier; doch sahen wir uns tagüber nur
selten,
Weil wir mit Eifer und Fleiß oblagen da unserer Arbeit;
Erst wann der Tag sich verkühlte, und müde sich neig-
te die Sonne
Gegen den Mario, ruhte der Pinsel und suchten wir auf
uns,
Um uns im Freien gemach zu erholen und frischeren
Lufthauch
Außer den Mauern zu schöpfen. Allabendlich zogen
hinaus wir,
Sei's daß wir sachte den Schritt hinlenkten auf Pincios
Anhöh',
Wo sich beim fröhlichen Klang der Musik die gewählte
Gesellschaft
Damen und Herren zu Wagen und Roß, lustwandeln-
des Volk auch
Auf den geräumigen Wegen des blühenden Parkes
vergnügte,
Sei's, daß wir Stille bedürftig und größerer Leibesbe-
wegung
Ueber die Thore der Stadt ausdehnten den heitern Spa-
ziergang

Also verlangt' es uns heut' auch, die drückende Schwü-
le zu fliehen,
Und zur gewöhnlichen Zeit abholt' ich den Freund in
der Wohnung.
Ueber Sant' Angelos Brücke beflügelten Fußes nun für-
baß
Schritten wir durch das Gewinde der Gäßchen und

Gassen. Zum Corso
Rasselten rings Equipagen heran, stets dichter um uns
schwoll
Schlendernder Menschen Gedränge. Wir strebten dem
Strome entgegen,
Weiter zu kommen bemüht, auswechselnd nur seltene
Worte.
Aber indem wir vorbei nun gelangten die »Spanische
Treppe«,
Wo auf den Stufen gelagert sich bieten zur Schau die
Modelle,
Männer und Weiber und Kinder zumal, anstieß ich den
Freund jetzt,
Daß er mit mir stehen blieb, und auf sie hinweisend be-
gann ich:
»Siehe! da sitzen sie wieder, die malerisch schönen Ge-
stalten;
Dort das Banditengesicht mit dem bänderumschlunge-
nen Spitzhut
Auf pechschwarzem Gelock, weißbärtig der würdige
Greis dort,
Einem Apostel vergleichbar, und neben der Frau mit
dem rothen
Tuch auf dem prächtigen Haupt, krausköpfig das kau-
ernde Knäblein!
Aber die Schönste, sie fehlt: Pepina. So oft ich vorbei-
geh'.
Muß ich des Tages gedenken – des dritten nach unserer
Ankunft –
Da wir zuerst hier gewahrten das braune sabinische
Mädchen,
Wie es die Hände im Schooße gefaltet, mit traurigem
Antlitz
Saß, von den Andern getrennt, dort rechts auf der un-
tersten Stufe –
Muß ich der Worte gedenken, mit denen die Holde Du
ansprachst.
Ja! wohl hat sie's verdient, daß vom niedrigen, ärmli-
chen Schicksal

Du sie für immer befreit, und zu Besserem freundlich
emporhobst!
Denn nicht Reize des Leibes allein, auch Gaben des
Geistes
Schmücken sie im nicht gewöhnlichen Maß, Vorzüge
des Herzens –
Wahrlich! es brauchte kein Mann sich solcher Gefährtin
zu schämen!« –
»Wenn ich nicht wüßte, mein Lieber« – entgegnete
Heinrich mir schalkhaft,
Während wir wieder die Schritte beschleunigten – »daß
Dir mein Liebchen
Darum so ganz ausnehmend gefällt, weil's immer ein
wenig
Dich an Dein Mühmchen erinnert – so hast Du Dich
selber geäußert –
Wär' ich beinahe zu eifern versucht, Freund, daß Du es
preisest
So über alle Gebühr. Ja! schmuck ist Pepina – nicht
leugn' ich's –
Aber vergleich' ich sie all' den junonischen Frauen, die
täglich
Fahren den Pincio hinauf, in die schwellenden Kissen
sich lehnend –
Scheint sie mir eben noch sauber genug, um als Came-
riera
Auf dem Olympe zu dienen; doch allerdings ist sie als
solche
Nicht zu verachten, zumal uns geringeren Leuten der
Zutritt
In den vertraulichen Kreis jener Himmlischen nimmer
gegönnt ist!« –
Also der Freund. Es mißfiel mir die Rede, und schleu-
nig von andern
Dingen begann ich zu sprechen. Vorbei an Cäcilias
Grabmal,
Gräbern, cypressenbewachten, an epheuumsponnenen
Thürmen
Gingen wir jetzt die verlassene Appische Straße: im

Westen

Ballte sich dickes Gewölk um die sinkende Sonne, und gluthroth

Zuckt' es zuweilen hervor. Urplötzlich ein wirbelnder Windstoß

Trieb uns den Staub in's Gesicht – wir wandten geblendet uns rückwärts,

Bis sich die Wolke gelegt und beschlossen verdrießlich die Heimkehr.

Da – ist es Donnergeroll' in der Ferne? – von dumpfem Gepolter

Dröhnend erzittert der Boden, herwälzen sich weißliche Wogen

Staubes, und näher und näher erschallt es von stampfendem Hufschlag.

Sieh! wildschnaubend und schäumend, mit flatternden Mähnen auf uns zu

Kommen zwei Pferde gestreckten Galopp's – hinter sich die Carrosse –

Rasenden Laufes gerannt! – Wohl müht sich der Kutscher, zurück sich

Stemmend, mit Hieben und Rufen die Stürmenden, reißend am Leitseil

Kräftig, zu bändigen, und sie zum Stehen zu bringen – vergebens!

Toller nur jagen sie fort in gewaltigen Sätzen. Schon sind sie

Ganz in der Nähe. Ich springe erschrocken zur Seite, indessen

Heinrich in Mitte des Weg's ausspreitend die Beine, und häufig

Schwenkend die Arme entgegen sich stellt, und mit muthigen Händen

Fällt in die Zügel dem scheuen Gespann. Aufbäumen sich einmal

Hoch noch die Rosse, dann stehen sie still, allmälig beschwichtigt.

Jetzt mit gelüftetem Hut hintritt er zum Wagen: es neigt sich

Dankend ein weiblicher Kopf huldvoll, und es wurden
– so schien es –
Einige Worte gewechselt; doch konnt' ich nichts hören,
denn abseits
Stand ich, ein wenig beschämt, daß ich dachte der
eig'nen Gefahr nur,
Dann im gemäßigten Trab, ausgreifend mit zierlichen
Füßen
Setzten die adligen Thiere das off'ne Gefährt in Bewe-
gung.
Aber der Freund – wie dereinst ein homerischer Held
nachstaunte,
War der Unsterblichen Eins ihm unerwartet erschienen:
–
Starr dastand er ein Weilchen, verloren in träumendes
Nachschau'n; –
Endlich den Bann abschüttelnd, mit hastigen Schritten
zu mir her
Kam er geeilt, und, indeß wir den Weg fortsetzen zur
Stadt hin,
Heftig mich drängend am Arm, ausbrach er in heller
Begeist'rung:
»Das ist das herrlichste Weib, das ich diesseits der Al-
pen und jenseits
Schaute bisher! O hättest Du nur der bezaubernden
Augen
Leuchtende Schwärze gesehen, der Lippen vollendete
Anmuth!
Hättest gehört nur die süß einschmeichelnde Stimme,
mit der sie
Mich um den Namen befrug! – Und denke Dir, Lieber!
sie kennt ihn! –
Aber sie selber, wer ist sie? – Fürwahr! den erworbenen
Ruhm all
Gäb' ich mit Freuden dahin, woferne der gütige Zufall
Einmal im Leben nur noch mir gewährte die einzige
Gnade,
Daß ich geruhig, mit völliger Muße am wonnigen Ur-
bild

Weiblicher Schöne mir labe den Sinn, und ergötze das
Herz mir!« –
– »Wer sie auch sei – der Marquisinnen, Fürstinnen ei-
ne vielleicht gar,
Die da die hohen Paläste und prunkenden Villen be-
wohnen? –
Deinem besonnenen Muthe verdankt es die schöne
Signora
– Zwar nur von Weitem erblickt' ich im Flug' das ver-
schleierte Antlitz–
Wenn sie heut' wohlbehalten Gemach noch und Garten
durchwandelt!
Nicht zu vermeiden ja schien – sprangst Du nicht zu
Hilfe – der Umsturz!« –
Also zum Schwärmenden sprach ich; doch dieser be-
merkte:»Ein Glück war's,
Daß ich erst später sie sah, sonst hätte der fesselnde
Anblick
Mich der Besinnung beraubt, und geblendet vom Reize
vergaß ich
Sie zu erretten! Ha! eher nicht ruhe ich, bis ich die sel'ge
Stätte erforscht, wo sie wohnt, den Palast, der die Gött-
liche einschließt!« –
Dunkel schon war es, entbrannt in den Gassen bereits
die Laternen,
Als wir die Osteria erreichten, wo jeglichen Abend
Heitergesellig zusammen sich fanden die Künstler, aus
Deutschland
Stammend, ein lustiger Kreis: Architekten und Maler
und Bildner.
Höchlich geehrt und beliebt in demselben war Heinrich
vonwegen
Seines erregenden Geistes und launigen Witzes, mit
dem er
Wußte den Tisch zu beleben. So wurde denn heute sein
Eintritt
Jubelnd, wie immer, begrüßt, und es hoben die perlen-
den Gläser
Ihm sich entgegen von hüben und drüben; er aber so

reichlich
That er noch nimmer Bescheid, nie quoll so ver-
schwenderisch frei noch
Ihm von der Zunge die Rede, als da er das heut'ge Er-
lebniß
Vor den Collegen erzählte; doch wie er die himmlische
Huldin
Auch niemüden Entzückens beschrieb –: es vermochte
nicht Einer,
Wer sie gewesen, zu sagen danach. – Spät schied uns
die Nacht erst.

4.

Nimmer desselben gedenk, zwei Tage nach diesem Ereigniß
Früh an der Staffelei schon saß ich am glänzenden Morgen,
Fleißig bemüht, was klar vorschwebte dem inneren Sinn längst,
Aeußerlich nachzugestalten: ein freier idyllischer Thalgrund,
Weidende Rinder zerstreut, in der Mitte ein knorriger Eichbaum,
D'runter der Hirte gelehnt auf den Stab, und Gebirge zuhinterst
Purpurn umwoben vom Dufte der fernabsinkenden Sonne.
Neu nicht war das Motiv; doch ich dachte, es zeig' sich der Meister
Eben als Meister darin, daß er Zauber und spannenden Anreiz
Selbst dem gewöhnlichsten Stoffe verleihe – und möglichst naturwahr
– Lichter und Schatten vertheilend zu lieblich gefälliger Wirkung –
War ich's zu machen bestrebt. Bahn brechen – so wagt' ich zu hoffen –
Sollte dies Bild mir, und schleunig verkauft mir eröffnen die Aussicht,
Daß ich von meinem Erwerb, abhängig nicht länger vom Darleh'n
Lebe des Freundes fortan. So bereit, großmüthig er stets auch
Mir vorstreckte, so viel ich benöthigte, ohne doch selber
Mangel zu leiden, denn täglich verbreitete weiter der Ruf sich
Seines gediegenen Pinsels, und nie an Bestellungen fehlt's ihm –,
Mußt' ich doch wünschen, je eher je lieber die eigene

Arbeit

Schicklich verwerthet zu seh'n, und mit ihr vollgiltiges Zeugniß

Meines Talentes zu geben. So legt' ich mit Liebe und Lust denn

Hand an den flücht'gen Entwurf, und auf Alles vergessend, so gänzlich

War ich in's Malen vertieft, vorneigend den Leib auf die Leinwand,

Daß ich das Oeffnen der Thür überhörte und wie ein Erschreckter

Fuhr in die Höhe, als Heinrich mir klopfte die Schulter und anhub:

»Hollah! geziemt es sich, wie? sich um Freunde so wenig zu kümmern?

Weißt wohl, daß wir einander uns gestern – wie lang! – nicht gesehen?

Nein! Du vertheid'ge Dich nicht! Ei! ich scherze ja nur, und an mir ist's

Mich zu entschuld'gen vielmehr, daß ich nicht einen Zettel zurückließ.

Als Du zu suchen mich kamst, wie gewöhnlich ge'n Abend, und fandest

Gestern das Zimmer verschlossen; doch nimmst Du's nicht übel, erfährst Du

Erst nur den Grund. Sag' selber: wird jede Minute Verzög'rung

Nicht zum Verbrechen, ergehet an uns vom zarten Geschlechte

Schmeichelnder Ruf? – So verschlang ich begierig das duftende Brieflein,

Das der betreßte Diener mir brachte, und folgend der Weisung

Eilt' ich die Treppe hinunter – da harrte der Wagen, o Himmel!

Wieder die Wappen erkannt' ich sogleich, aufriß der Lakai mir

Hurtig den Schlag, einsprang ich – und fort wie der Blitz ging's. –«

– »Du hast sie Wiedergeseh'n?« ausrief ich verwundert, und blickte den Freund an,
Senkend Palette und Pinsel, und Jener: »Natürlich! und was noch
Steigert das Glück und die Freude: dem Wunsche des göttlichen Weibes
Dank' ich des heißen Verlangens Gewährung; nicht launischem Zufall.
Aber Du laß' Dich nicht stören! Gestreckt allhier auf das Ruhbett
Will ich Dir Alles und Jedes getreulich berichten, und neidlos
– Wenn Du's vermagst – anhöre Du still, welch' köstliche Zukunft
Mir sich erschließt! Wohlan! – wie gesagt in den schwellenden Wagen
Warf ich mich schier wie betäubt, und zur porta del popolo blitzschnell
Rollten hinaus wir in's Freie, bis – wo sich die prächtigste Villa
Hob aus den Pinienkronen, – am säulengetrag'nen Portale
– Hochauf klopfte das Herz mir im Busen – der Kutscher nun anhielt.
Rasch ward der Schlag mir geöffnet, und ehrerbietig sich neigend
Wies mir ein Diener den Weg. Durch der Halle mit Fresken geschmückten
Raum auf musivischem Pflaster nun schritt ich, und trat in des Parkes
Immerdar grünendes Reich. Da zogen Alleen sich weithin
Aesteverschränkender Eichen, beschnittene Hecken von Buchsbaum
Säumten die Beete rings ein, hochstämmiger Lorbeer und Myrthe
Blühten in Menge, Magnolien dufteten, Rosen dazwischen.
Aber von hohen Gestellen aus glanzumflittertem

Laubwerk
Sahen herab Aphrodite und Hermes, Pomona und
Bachus
Auf mich Wandelnden stumm, hellschimmernd in
marmorner Nacktheit.
Amor spannte den Bogen, im Steine sogar noch gefähr-
lich.
Lauschige Stille rundher, wollüstig im laulichen Äther
Badete jegliches Blatt, umschmeichelt vom Lichte, das
buhlend
Zitterte durch das Gezweig. O sieh' der smaragdenen
Dämm'rung
Jetzo die Herrin enttauchen: Im weißen, im wallenden
Schleppkleid
Regt sie heran majestätisch – Musik für die Augen – des
Körpers
Maßvoll-üppigen Bau, und gnädiglich nickend, mit Lä-
cheln
Heißt sie mich freundlich willkommen, der trunken
vom wehenden Anhauch
Ihrer ambrosischen Locken zur Seite der Göttlichen
hergeht.
Wo ein krystallener Quell sich am Ende des schattigen
Laubgangs
Plätschernd ergoß in das muschlige Becken aus moosi-
ger Felswand,
Liebliche Kühle verbreitend – da winkte sie mir, auf der
Steinbank
Niederzusitzen bei ihr, dann sachte die Fülle des
Haupthaars
Schüttelnd in's schöne Genicke, begann sie zu sagen,
warum sie
Rufen mich lassen: sie wünsche ein möglichst getroffe-
nes Bildniß
Ihrer Person zu besitzen – zwar sei sie verschiedenen
Meistern
Schon zu verschiedenen Zeiten gesessen; doch keiner
von allen
Hab' es zu Dank ihr gemacht – nun hege sie volles Ver-

trauen,
Daß mir werde gelingen, was allen den Andern miß-
lungen;
Aber ich müßte mich eilen, wofern ich geneigt wär',
mich dieser
Aufgab'zu widmen – denn balde – in wenigen Wochen
vielleicht schon –
Käm' der Gemahl sie zu holen, der auf die savoyischen
Güter
Eben verreist. – Hier schwieg sie betrübt, und ein Seuf-
zer entrang sich
Leise dem Lilienbusen, der locker verhüllt nur, sich
blähte
Gegen den Spitzenbesatz, ein Magnet dem begehrli-
chen Auge. –
Daß ich mit Wonne bereit mich erklärte dem ehrenden
Auftrag,
Brauch' ich Dir wohl nicht zu sagen? – Ach! süßesten
Lohnes Verheißung
Las ich im schmachtenden Blick, im verweilenden, als
ich zum Abschied
Sinneberauscht ihr küßte die Hand. Na, Freundchen –
was meinst Du? –«
–»Was ich vermeine? Je nun – Glück wünsch' ich vom
Grunde des Herzens
Die zu dem neuen Triumphe, den sicher Dein Pinsel
davonträgt;
Aber, versteh' ich das Wesen der Frau aus den wenigen
Zügen,
Die Du soeben erzählt, fast scheint's: ein bedenkliches
Wagniß
Gingest Du ein, und mit größern Gefahren, als jene, da-
raus Du
Jüngst sie gerissen, bedroht nunmehr Dich die fürstli-
che Circe,
Der es – ja deutlich erhellt es aus ihrem Betragen – in
dem Fall
Weniger um das Gemälde, als wie um den Maler zu
thun ist.

Wahrlich! es thäte um's Mädchen mir leid, das so innig
an Dir hängt,
Wenn es der Zaub'rin gelänge, Dein Herz zu verführen,
desgleichen
Müßt' ich Dich selber bedauern, verlockte Dich diese
auf Pfade,
Welche kein Redlicher wandelt, ob Niemand auch
wehrte den Zugang!« –
Also sprach ich, und er, auflachend und springend vom
Ruhbett:
»Löblich ist Deine Moral, Spießbürger, jawohl, und Phi-
lister
Mögen daran sich erbau'n! Potz Wetter! Verzeihe – Du
sprichst ja
Wie von der Kanzel der Pfaffe, und nicht wie ein Jün-
ger der Muse,
Welche der Freiheit bedarf vor den übrigen allen. Wo-
hin denn
Käm' es mit uns, wenn wir freudig benützten nicht jeg-
lichen Anlaß,
Der sich uns beut, zu erspähen das Schöne, untadelig
Schönste? –
Selten genug ja begegnet es uns, und in dichter Ver-
mummung
Geht es ja meistens einher. Wie? – nun sich ein Wunder
der Schöpfung
Mir zu enthüllen verspricht, – abwenden soll ich mich
sittsam,
Weil sich mein Schatz könnt' grämen darob ? – Da
müßt' ich ein Thor sein.
Gegen mich selbst feindselig, und werth wohl, daß
mich die Götter
Schlügen zur Strafe dafür zeitlebens mit gänzlicher
Blindheit! –
Aber nur sorge Dich nicht um Pepina! – Sie habe nicht
Ursach'
Sich zu beklagen, denn wie ich's gehalten, so halt' ich es
fortan:
Widm' ich die Tage der Kunst – ihr seien die Nächte

gewidmet.
Ja! und kein Farbengebilde, platonische Liebe nur hei-
schend,
Soll sie verdrängen!« –

»So liebst Du sie doch, und nicht flüchtiges Mit-
leid
War es allein, was zu ihr Dich gezogen?« – versetzt' ich,
und Heinrich:
»Lieben? carissimo! – ja oder nein, jenachdem Du das
Wörtchen
Eben genommen willst wissen. Soferne es keine Be-
schränkung
Ausdrückt, lass' ich es gelten, denn wo auch die schöne
Idee sich
Zeigt in entsprechender Form, da fühlt sich die Seele
des Künstlers
Allsympathisch erregt, und sie gibt sich zu eigen; doch
freilich
Mensch ist der Künstler zugleich, manch' leiblich Ge-
lüsten auch gab ihm
Mutter Natur auf den Weg, manch' gröberes Herzens-
bedürfniß,
Welches befriedigt sein will, und gemeiniglich Liebe
genannt wird –
Aber den Stubengelehrten und Bücherverfert'gern in
Deutschland.
Lassen wir billigermeise die Ethik zusammt der Aest-
hetik,
Länger die Zeit nicht vergeudend mit nutzlos leerem
Geplauder,
Das uns zuletzt noch entzweit! – Du male die Kühe und
Schäflein
Ruhig nur weiter, indeß ich zur Villa der fürstlichen
Circe
Stracks mich verfüge. Addio! –«

Er sprach's und mit hastigem Gruße
Ging er von dannen. Ich blickte durch's Fenster ihm
nach, wie er siegreich
Schritt in der Sonne dahin, goldlockig, ein Phöbus
Apollo!

5.

Friedlich zwar hatten wir uns so getrennt; doch ein
heimlicher Mißton
Blieb in der Seele zurück, es verbannte die herzliche
Eintracht
Aengstlich erkältender Zwang. Nie wurde des letzten
Gespräches
Inhalt wieder berührt, wann da oder dort auf Momente
Einmal den Freund ich erhaschte, der häusig beschäf-
tigt, sich auswärts
– Nimmer befragt' ich ihn, wo und in welchen Geschäf-
ten – herumtrieb
Seit dem bewußten Besuch. So ward er beinah' mir ent-
fremdet.
Einsam verbracht' ich die Tage, verbrachte die Abende
einsam,
Selber dem Kreis fernblieb ich der Tafelgenossen, wo
Heinrich
Jetzo nur selten erschien, denn schwer zutraulich an
Andre
Schloß ich mich an, und ich fühlte nicht recht mich ge-
müthlich als Neuling
Unter der Schaar der Erprobten – gab er mir nicht si-
cheren Rückhalt,
Den tagtäglich zu seh'n mir geredezu Lebensbedingung
Ward, wie das Athmen der Luft – daher ich die jetzige
Spannung
Bitter empfand, und allein viel' traurige Stunden ver-
lebte.
Doch Ein Trost war geblieben: mit wachsendem Eifer
gefördert
Reifte mein Bild unterdessen dem Rahmen entgegen,
und endlich
Stand es vor mir vollendet! »Nun magst Du getrost aus
der Werkstatt
Dunklem Verstecke hinaus an das Licht, um, herab von
der Saalwand

Gleißend im goldenen Rahmen, mir Ehre zu bringen!«
– So sprach ich,
Es mit Vernügen beschauend, im Geist das gelungene
Werk an,
Und stolz schmoll mir der Busen, von Vatergefühlen
beseligt.
Ach! und ich sehnte mich inn'ger denn je nach dem lie-
ben Gefährten.
War ich doch Freude und Leid, jedwede verborgenste
Regung
Ihm zu vertrauen gewohnt im Verlaufe der Jahre, die
Zeugen
Unseres Bundes gewesen! Und sollte des schaffenden
Künstlers
Lauterstes Glück nicht theilen mit ihm? »Wie lange ist's
her schon,
Daß ich mit ihm nicht gesprochen! Noch ist es nicht
Abend, versuch' ich's,
Ob ich ihn treffe vielleicht?« Aufmacht'ich mich schnell,
durch die Straßen
Schritt ich gehobenen Muthes – mir war es, als müßte
mich Jeder,
Den ich begegnet, beneiden – schon tret' ich in's Haus,
und zur Wohnung
Steig' ich die Treppe hinan: da erschallt mir von innen
ein lebhaft
Sprechen verworren heraus, ein Geräusch, wie von
streitenden Stimmen–
Plötzlich verstummt's, – steh'n bleib' ich in Zweifeln –
da öffnet die Thür sich.
Und in die Stube mich drängend empfängt mich der
Freund mit den Worten:
»Rudolf! Du kommst wie gerufen. O sei so gefällig, und
hilf mir
Jene beschwichtigen! Sieh! dort sitzt sie, die lieblichen
Augen
Völlig mit Weinen verderbend! Umsonst Vorstellen
und Zuspruch!
Ja! je beflissener ich sie beschwöre, so reichlicher strömt

es
Ihr von den Wangen herab – und warum? – Ei! weil ich
mein Handwerk
Uebe gebührender Weise, und andere Frauen – nicht
sie nur –
Mich unterstehe zu malen!«

»Verräther!« entbrennend in Zornmuth
Jäh vom Kamin sich erhebend, auf den sie die Stirne ge-
lehnt hielt,
Rief nun Pepina, die Thränen sich trocknend – es zuck-
te den Mund ihr
Spöttisch geschürzt, und hoch aufwogte der Busen: –
»Verräther!
Malen? Wer spricht denn davon? Ha! Freilich als präch-
tiger Vorwand
Dient Euch Künstlern die Kunst, und das Schlechteste
soll Euch erlaubt sein!
Oder ist's einzig zu malen vielleicht, daß Du Abend für
Abend
Wanderst hinaus nach der Villa Brandini? – Natürlich!
im Dunkeln
Malt sich's bekanntlich am besten; doch besser noch
küßt es und kost sich's
Unter dem Myrthengesträuch, wann silbern der Freund
der Verliebten
Durch das Gezweige nur blickt, der verschwiegene;
aber mir hat er
Dennoch das holde Geheimniß verrathen, und Schande
und Schmach wär's.
Wollt ich's gefallen mir lassen, obgleich nur ein armes
Modellkind!« –
Also die zürnende Maid, und Heinrich: »Da schau', wie
das Närrchen
Thöricht sich martert und Märchen erfindet, aus Düften
und Mondschein
Luftig zusammengewebt! Nein, Kind! Nur im Reiche
der Dichtung
Mag man dergleichen erleben; im Wirklichen geht es so

rasch nicht!

Aber gesetzt, es verhielte sich, wie Du's geschildert, so wisse:

Weder Dein funkelnder Blick, noch die drohend gefaltete Stirne

Sollen mich schrecken, auch ferner die Schritte zu lenken, wohin mir's

Eben beliebt. Gern räum' ich das Feld, wo tobende Zanksucht

Waltet und heftiges Wesen!« – Er sprach es gelassen, und grüßend

Wich er von dannen gemach. Nachlief die Erzürnte: »Ja, geh' nur!

Geh' nur, Du bist mir verhaßt!« und bitterlich schluchzend auf's Neue

Sank in den Stuhl sie zurücke, und barg das Gesichtchen.

»Pepina!«

Jetzt anhub ich zu sprechen, nachdem ich zu Worte gekommen –

Ueber das Ziel weit schießest Du weg, und ergehst Dich in Reden,

Die Du gewißlich bereust, wenn die wallende Hitze verflogen.

Die Dir die Adern entflammt. Wohlwollend – ich weiß es – ist Heinrich

Nach wie vor Dir gewogen« –

– Und sie: »Das heißt, er gebraucht mich.

So, wie er Trank und Speise gebraucht, wie der Knabe das Spielzeug,

Müßige Stunden damit zu vertändeln. O glaubt mir: die Menschen

Mehr nicht gelten sie ihm, als die bunten Figuren, mit denen

Seine Gemälde er ziert! Staffage sind wir, nichts weiter.

Ihr auch werdet's erfahren, Signor Rudolfo! – Denn wer sich

Falsch in der Liebe gezeigt, hält nimmer die Treu' in
der Freundschaft.
Ja! ich verkünd' es voraus: auch Euch betrügt er der-
einst noch,
Wie er mich Arme betrogen!«

– »Und weißt Du es denn mit Bestimmtheit
Daß er Dich schnöde verrieth?« – einfiel ich – »o, Gute!
bedenke:
Manches ja wird von den Zungen der Leute geschwätzt
und gefabelt,
Und das Genie, viel Neider und Feinde ja findet es im-
mer.
Unrecht thust Du vielleicht ihm dennoch?«

– Dagegen die Jungfrau:
»Unrecht? – Hat er nicht selber gestanden: es gehe so
rasch nicht?
Also muß Etwas doch gehen? Und hat er nicht kühn
sich gebrüstet,
Als ich versagt ihm neulich die glühend begehrte Um-
armung,
Daß er die Gunst sich erobert der reizendsten Frau, die
in Rom lebt? –
Ja, wohl ist sie als diese bekannt; doch gilt ihr Gemahl
auch
Für den geschicktesten Fechter, so alt er auch schon
und gebrechlich.
Sollt' es geschehen dereinst, daß der Liebste ... o heil'ge
Madonna!
Schütze vor bösem Verdacht ihn gnädig und Rache,
wenn Meineid
Häßlich sein Herz nicht befleckt! – Doch kommt es zu
Tag, daß er schuldig –
Was ich dann thue, ich weiß es – gar tief sind die Wel-
len des Tibers –
Fahre mit Eins mein Leben dahin, wenn die Liebe da-
hin ist!« –
Also sprach sie entschlossen, die zierlich geschnittenen

Lippen
Fest aneinander gepreßt, und erhob sich zu gehen. Ich folgt' ihr
Ueber die Treppe hinunter zum Thor, allwo wir uns trennten.
Ach! wie sie rasch so entschwebte, die bräunliche Tochter des Südens,
Leicht den geschmeidigen Leib in den rundlichen Hüften bewegend
Bald vom Gewimmel des Volkes verschlungen in dämm'riger Straße,
Dacht' ich gerührt, daß zur Stund' in den nordischen Alpen ein and'res
Mädchen vielleicht nur den thauigen Blumen, den Wellen des Bergstroms,
Oder den Bäumen des Walds stillseufzend sein heimliches Leid klagt. –

6.

Aber die Zeit war gekommen des heißeren Sommers,
die Niemand
Gerne verweilt in der ewigen Stadt. Die Vermöglichen,
Reichen
Rüsteten sich, zu entfliehen dem Dunste, um reinere
Lüfte
Sei es am Strande der See, sei's fern im Gebirge zu ath-
men;
Oede, verlassen schon standen die meisten Paläste, es
starrten
Viele der prunkenden Villen – darunter die Villa
Brandini –
Blind in die Gegend hinaus mit geschlossenen Balken. –
Pepina
Mochte zufrieden sich geben, denn wieder wie sonst
des Geliebten
Konnte sie nun sich erfreuen, wie ich mich des Freun-
des. Verzieh'n war,
Was uns entfremdet, und glücklich erneuert das alte
Verhältniß.
Würdig beschlossen wir, froh zu begehen das Fest der
Versöhnung
Draußen im Freien und Tivoli ward einstimmig zum
Schauplatz
Unserer Freude erkoren, zum Ziele des heiteren Aus-
flugs.

Wenigversprechend erschien, trübselig des Tages Be-
ginn uns,
Als wir zu Dreien im leichten Gefährt durch die weite
Campagna
Fuhren des Morgens, vorbei an verfall'nen Castellen
und Thürmen,
Geierumkreisten, entgegen der alten, verwitterten
Bergstadt.
Aber nun, da wir die Anio-Brücke und Hadrians Villa

Hinter uns lassend, gemach durch die Oelbaumwal-
dungen aufwärts
Stiegen – es folgt' uns der Wagen – die vielfachgewun-
dene Straße.
Brach durch's Gewölke die Sonne, verwandelnd die
Wüste zu Füßen
In paradiesische Auen, dem Strahle der Liebe ver-
gleichbar.
Welcher die Welt uns verklärt, sobald er im Herzen
emporzuckt. –
Zwischen dem grauen Gemäuer der Gäßchen des Ortes
zum Gasthaus
Schritten mir hin zur Sybilla, und traten sodann aus
dem Hofraum
Auf die Terrasse hinaus. O, welch' ein Erstaunliches bot
sich
Da für Gesicht und Gehör! Weißschäumend mit Don-
nergetöse
Strombreit stürzte das Wasser zu Thal durch die
Schlucht, wo den Tuffstein
Wildes Gewächse umrankte mit üppigen Schlingen,
gebadet
Ewig vom stäubenden Gischt, und geschaukelt vom
wehenden Luftzug,
Während mit zierlichen Säulen ein Tempelchen über
dem Abgrund
Trutziglich ragte zur Linken – als spottete es der Zer-
störung –
In den azurenen Himmel. Gedankenverloren und
sprachlos
Sah ich zur Tiefe hinunter, bis Heinrich mit Scherzen
mich aufrief
Auch zu gedenken des Magens, und fort mich beim
Arme zum Tisch zog,
Den unterdessen Pepina gedecket mit reichlichem Vor-
rath
Strohumflochtner Flaschen, Geflügel und echtem Risot-
to,
Welchen sie selber bereitet – gar trefflich verstand sie

das Kunststück. –
Also vereinte das Mahl uns auf hoher Terrasse, es kreiste
te
Rasch die Foglietta mit purpurnem Wein, und in munterster Laune
terster Laune
Bald ausbrachte der Freund, sich erhebend vom Sitze,
den Trinkspruch
»All', was wir lieben! Es lebe!« – und laut wie ein brausendes Vivat
sendes Vivat
Stimmte in's Gläsergeläute des Wassers gewaltiger
Chor ein.
Lächelnd, verständnißvoll anblickte das liebende Paar
sich;
Aber empfindlich in mir anklang eine Saite, und
schmerzlich
Bebte sie fort im Gemüth, als nach aufgehobener Mahlzeit
zeit
Wir uns im Grünen vertheilten, Siesta zu halten. Die
Beiden
Waren voraus schon gegangen, indessen ich ihrer nicht
achtsam
Klomm in den Grotten umher, und weiter am Hügelgelände
lände
Dann hinschlenderte, das auf der anderen Seite der
Flußschlucht
Halbringförmig sich zieht. Heiß brannte die Sonne, das
nächste
Schattige Plätzchen ersah ich, da streckt' ich mich nieder, die Wange
der, die Wange
Stützend bequem auf die Hand – so hielt ich geruhige
Umschau.
Endlos dehnte sich rechts die Campagna – aus bläulichem Dunstmeer
chem Dunstmeer
Schwarz aufragte zuhinterst die Kuppel St. Peters, vergleichbar
gleichbar
Mächtigem Inselgebirg', vor mir lag felsenbekrönend
Tivoli's Stadt mit den Schaumkatarakten. Gedämpftes
Gebrause
Tönte wie Schlummergesang einlullend herüber, die

Augen
Fielen gemächlich mir zu, und Gestalten und Bilder, gewaltsam
Lange zurückgedrängt, darstellten sie greifbarlebendig
Nun sich dem innern Gesichte: Im lindenumstandenen Vorhof
Eines behäbigen Schlosses, die Hände gekreuzt auf dem Rücken
Schritt ein gebeugter Mann, schneeweiß die Haare – ein Mädchen
Wandelte ihm zur Seite, das strebte mit holdem Geplauder
– Blaß ach! selber und traurig – den traurigen Greis zu erheitern;
Aber ich stand in der Nähe – mir kamen die Thränen, und eben
Will ich auf sie zugehen und rufen: »Erkennt Ihr mich nicht mehr?
Seht mich nur an, Ihr Geliebten! Hier bin ich ja wieder!«
– Vergebens!
Füße und Lippen versagten. Erschrocken aus taumligem Halbschlaf
Fuhr ich empor – da war's mir, als dränge des heimischen Wildbachs
Rauschen melodisch heran: mich beschlich unsägliches Heimweh! –
Schleunig den Dämon zu bannen, ergriff ich die Mappe – sie folgte
Treulich mir überallhin – und begann mit dem Stifte die Landschaft
Auf dem Papier zu entwerfen, im Zeichnen des Bildes gedenkend,
Das ich den Richtern der Kunst jüngst hatte gesendet zur Prüfung.
Wird man es würdig befinden? – so frug ich – ach! Dieses und Jenes
Schien mir zu tadeln daran, und getheilt zwischen Sorge und Hoffnung
Schwankte mein zweifelndes Herz. – So war mir denn

schlafend und wachend
Heute nicht Ruhe beschieden! Es litt mich nicht länger.
Die Skizze
Flüchtig zu Ende gebracht, aufstand ich vom Boden
und schweifte
Unter den Büschen herum, die an sanftabfallender
Lehne
Grünten, mit Bäumen vermischt. Wie Einer, der seinen
Gedanken
Sich zu entwinden, begierig auf jegliches Steinchen und
Pflänzchen
Heftet den Blick und betrachtet mit außergewöhnli-
chem Antheil,
Was er beachtet sonst kaum, so gänzlich des Ich's mich
entäußernd,
Denkmüd' schweift ich einher, träg hob ich die Füße. –
Auf einmal
Schlugen mir Laute, bekannte, an's Ohr. Durch die Blät-
ter des Dickichts
Vorwärts lugt' ich, und sieh'! – wo über dem ebenen
Grasgrund
Höhergewachsenes Gesträuch zur natürlichen Laube
sich wölbte –
Saß Pepina, es ruhte das lockige Haupt des Geliebten
Ihr im Schoße. Schon wollt' ich, der Liebenden zärtliche
Zwiesprach'
Nicht zu belauschen, davon still schleichen – da wurde
von Heinrichs
Lippen mein Name genannt. Ich, blieb, und verhalte-
nen Athems
Horchend nach vorne geneigt – ich weiß nicht, welch
plötzlicher Argwohn
Mein sich bemächtigt' – vernahm ich die lebhaft ge-
sprochenen Worte:
»Rudolf? – Schatz! das verstehst Du mit nichten!–Ein
guter Geselle
Ist er gewiß, ein verläßliches Herz, ein gedieg'ner Cha-
rakter,
Fein und gesittet als Mensch; als Künstler dagegen –

man sieht es –
Hält er nicht, was er versprochen, und schwerlich zu
großer Bedeutung
Wird er es bringen in diesem Berufe, so sehr er sich ab-
plagt,
Hockend bei Tag und bei Nacht, und die Freuden der
Jugend versäumend.
Und so verwund'r ich mich nicht, daß sein großes Ge-
mälde vom Ausschuß
Ward nicht geeignet befunden – wenn freilich schon
schlechteres Zeug oft
Sich ausstellte zur Schau – doch Du, Pepinetta! ver-
sprich mir
Nichts ihm heute zu sagen davon, er erfährt es noch
immer
Zeitlich genug, und ich möchte nicht gerne vergällen
den Tag ihm! –
Wahrlich! mich dauert der Freund! – Froh bin ich nur
Eines: daß ich nicht
Ihn zu der thörichten Flucht aus dem Hause des Vaters
verleitet!« –
Was er noch weiter gesprochen darauf, was Pepina er-
widert –
Nimmer vernahm ich es, hatt' ich vollauf doch genug
am Gehörten!
Wie ein Verbrecher, dem eben verkündigt wurde das
Urtheil,
Das ihn zum Tode verdammt, fort wankt' ich, im Tiefs-
ten vernichtet.
Zwar das gekränkte Gefühl, daß von dannen gewiesen
mein Bild ward,
Hätt' ich vielleicht noch verwunden, denn halb ja war
ich gefaßt d'rauf,
Und schon gewiegteren Künstlern war solches mitunter
begegnet;
Aber daß Er, dess' günstige Meinung allein bisher mich
Ueber dem Wasser gehalten, mich auch ließ fallen, ein
Lächeln
Schnöden Erbarmens im Blick, und die Hände sich wa-

schend in Unschuld –
Dieses verletzte mich tödtlich und lähmte die strebende
Thatkraft
Mir für immer! Das Schlimmste dabei war: ich durfte
nicht einmal
Klagend erleichtern das Herz mir, wofern ich mein
heimliches Lauschen
Offen nicht wollte gestehen. Als Heinrich daher auf der
Rückfahrt
Mich gutmüthig befrug, weßhalb ich so düster und
schweigsam –
Kurz ausweichend versetzt ich nur: »Das kommt vom
Scirocco« –.

Also an mir auch hatte vom Horcher das übliche
Sprichwort
Wieder sich glänzend bewährt. Jetzt mag ich darüber
nur scherzen,
Denn manch größeres Leid, einschneidend in's innerste
Leben,
Hab' ich bezwungen seitdem; doch der Tag von Tivoli
damals
Schien der verzweifelt'ste Tag mir, den je noch ein
Sterblicher lebte. –

7.

So wie ein wandernder Mann, der umdroht vom Ge-
witter in finst'rer
Nacht durchschreitet den Wald, wo verworren die Pfa-
de sich schlingen –
Richtig vermeint er zu gehen, und rüstiglich schreitet er
fürbaß
Seinem Gestirne vertrauend – da zuckt grellflammend
ein Blitzstrahl
Plötzlich vom Himmel hernieder, das Dunkel zerrei-
ßend – nun sieht er.
Daß er sich völlig verirrt, er steht entsetzt vor dem Ab-
grund:
Also durch's Leben getrost hin war ich gegangen, bis
Heinrichs
Schneidende Worte mit kaltem Geleuchte mich jäh zur
Erkenntniß
Brachten des eigenen Selbst, und der argen Gefahr für
die Zukunft,
Wenn ich verharrt' auf dem Weg, den verblendet vom
Wahne ich einschlug.
Durft' ich ihm zürnen darob? – O hätt' er mir offen und
ehrlich,
Wie sich's dem Freunde geziemte, gestanden die Sin-
nesveränd'rung,
Warm ihm hätt' ich's gedankt, anstatt daß tückischer
Falschheit
Grollend ich jetzt ihn zieh, und stolz mein empörtes
Gemüth sich
Ganz abwandte von ihm! Doch leider in anderer Hin-
sicht
War ich annoch ihm verpflichtet – es drückte mich
peinlich. Der Schuld mich
Rasch zu entledigen – d'rauf war einzig mein Trachten
gerichtet.
Aber woher – nachdem die verwegensten Pläne ge-
scheitert –

Nehmen die Mittel dazu? Wohl hätte sofort sie die
Heimat
Mir Rückkehrendem reichlich gewährt; doch der bloße
Gedanke
Trieb mir die Scham in die Wangen. So blieb mir denn
Eines nur übrig:
War ich zum Künstler verdorben, zum freien, erfin-
denden – tauglich
Mocht' ich mich etwa erweisen, die Schar der Copisten
zu mehren,
Wie sie in Gängen und Sälen – den fremden Beschau-
ern ein Aerger –
Sitzen, die herrlichsten Werke verstellend, vom Morgen
bis Abend
Heiligenbilder verfert'gend, Madonnen und Engel auf
Goldgrund,
Die sie sodann um ein billiges Geld an die Händler
verkaufen.
Ihnen gesellt' ich nunmehr mich, so viel ich nur konnte,
der Nähe
Scheu ausweichend von Allen, mit denen bisher ich
verkehrte,
Heinrichs zumal, der that, als merkte er nichts von der
Wandlung,
Welche mein Wesen und Leben erfuhr, stillschweigend
in meinem
Thun zu bestärken mich schien, und je mehr ich von
ihm mich zurückzog,
Desto gefälliger sich und beflissener zeigte. – So höher
War ich verwundert zu hören – die neuen Collegen be-
sprachen's
Untereinander 'nes Tages – er hab' eine Studienreise
In die savoyischen Berge gemacht, mit dem Gestrigen
sei er
Plötzlich von dannen gereist. »Ohne Abschied? Arme
Pepina!« –
Dacht' ich im Herzen, die Kunde vernehmend; mir sel-
ber doch klang sie
Völlig erwünscht. Lieb war's mir, ihn ferne zu wissen,

der längst sich
Meinem Gemüthe entfernt: so war, da gestorben die Freundschaft,
Denn auch zu Ende der heuchelnde Schein! – O! des kläglichen Daseins,
Da ich an Allem verarmt, was Behagen demselben und Werth leiht,
Matt hinschleppte zur Noth, absparend vom Munde das Brot mir
Darum verließ ich mein elterlich Haus und das traute Geburtsland?
Darum entsagt' ich der Liebe des trefflichsten Mädchens, des Vaters
Treulicher Führung? Um das hab' ich angestammt Gut und Besitzthum
Keck in die Schanze geschlagen, und jede natürliche Regung
Niedergebändigt im Busen? – Beim Himmel! Es lohnte den Einsatz
Nimmer so karger Gewinn! –

– Auf der Brücke Sant' Angelo war es,
Wo es mich einst mit Gewalt übermannte. Im nächtlichen Tiefblau
Ueber der schlummernden Stadt hoch schwebte der goldene Vollmond
Ruhig und groß, wie ein Auge, und warf sein zitterndes Streiflicht
Still auf die Wellen des Flusses, die träg an den Jochen sich brachen
Klagend, mit leisem Gegurgel. Vorübergebeugt auf der Brustwehr
Lag ich und blickte hinab in die gurgelnden Wellen. Ein Ruck noch –
Und ein verfehltes Leben erlosch für immer im Schoße
Wonnigen Selbstvergessens. Des unglückseligen Oheims
Schatten stieg warnend empor mir, wie Mangel und grimmige Noth ihn

Unablässig verfolgten und schrittweis' drängten zum
Abgrund,
Wie er zu stolz gleichwohl, die errettende Hand der
Verwandten
Anzunehmen, an Leib und Seele zerrüttet, so tief sank,
Daß mit der Fiedel zuletzt er bettelnd als lumpiger
Spielmann
Zog von Provinz zu Provinz, bis er schließlich im gräß-
lichen Elend
Einsam zu Grunde gegangen, zerfallen mit sich und
der Menschheit –
Daran gedacht' ich mit Grausen. Es packte mich
Schwindel, vernehmbar
Klopfte das Herz in der Brust, wild flogen die Pulse, zu
Kopf schoß
Jach mir das Blut – ich rang; doch die letzte, die äußers-
te Schmachthat
Blieb mir zum mind'sten erspart, – Abschüttelnd die
feige Versuchung
Schwang ich mich schaudernd zurück vom Geländer
der Brücke, und aufrecht
Stand ich im Strahle des Mondes. – Da schallt es von
Tritten, und siehe!
Nahe und näher heran durch die schweigende Straße
bewegt sich
Nun eines Mannes Gestalt – aufblickt sie, und schnelle-
ren Schrittes
Geht sie gerad' auf mich zu: »So sind Sie es richtig,
Herr Rudolf?« –
Spricht sie und lüftet den Hut – ich erkenne den Hüt-
tenadjuncten.
»Sie hier!« – stamml' ich verstört; er aber: »Welch' eige-
ner Zufall,
Daß ich, kaum angekommen. Sie finde! O! wäre die
Botschaft
Nur auch erfreulicher, die zu bestellen hierher ich ge-
sandt ward!
Nur nicht erschrocken sogleich! Gar Mancher noch
greiseren Alters

Hat sich schon gründlich erholt, und so wird auch Ihr
Vater vom Anfall
Wieder genesen, der jüngst ihn getroffen, zumal es das
Fräulein
Nimmer läßt fehlen an zärtlichster Pflege. Auch war
mein verehrter
Herr Principal stets stark von Natur; doch freilich zu
sehr d'rauf
Hat er gesündigt in letzterer Zeit: Selbst die kräftigsten
Schultern
Brechen am Ende zusammen, wenn allzu gewichtig die
Last wird.
Immerhin steht es bedenklich genug, und begreift sich
des Kranken
Sehnlich geäußerter Wunsch, daß den einzigen Sohn er
noch einmal
Möchte im Leben erblicken. Erst sollte ein Brief Sie ver-
länd'gen;
Aber zu wenig verläßlich – seit Monden bereits ohne
Nachricht –
Schien ihm der schriftliche Weg – so hat er denn mich
mit dem Auftrag,
Sie zu erforschen, betraut, und schier wie ein Wunder,
so glücklich
Hat es der Himmel gefügt: Sei dies uns ein günstiges
Zeichen,
Daß auch daheim unterdessen sich Alles zum Besser'n
gewendet!« –
Also der Hüttenadjunct. Schwermüthig wie Sterbege-
läute
Tönte sein Trauerbericht in's Ohr mir, während ich
langsam
Bangaufhorchend ihm schritt zur Seite in stummer Be-
täubung,
Bitter mich selbst anklagend, und reichliche Thränen
vergießend. –
O! wie schmolz nun mit ihnen dahin mein kindischer
Hochmuth!
Alles, um das ich vor Kurzem noch glühend mich

grämte – wie schrumpft'es
Plötzlich zusammen zu Nichts vor der Größe des her-
ben Verlustes,
Der mich bedrohte! Entsagend nur Eines noch fleht' ich:
das Schicksal,
Welches uns Alle erzieht, ausheilend oft Schmerzen mit
Schmerzen,
Möge mich noch rechtzeitig erreichen lassen die Hei-
mat,
Die durch die Nacht fernher mir die Hand darbot zur
Versöhnung!

8.

Aber ich eile zum Schluß. Abschweifend vom Pfade zu
weit schon
Hat mich Erinn'rung verlockt, die geschwätzige Freun-
din, und wenig
Bleibt mir nur mehr zu erzählen. – Der Anbruch des
folgenden Morgens
Sah uns bereits auf dem Wege nach Norden. Ohn' Auf-
enthalt, rastlos
Tage und Nächte hindurch fortreisten wir. So wie dem
Feldherrn,
Der nach verlorener Schlacht tiefsinnig die Gegend zu-
rückmißt,
Die er, berauschet von Träumen des künftigen Sieges,
von treuen
Waffengefährten umjubelt, mit klingendem Spiele
durchzog einst –:
Jämmerlich war mir zu Muthe; doch quälender war
noch die Bängniß,
Die, je näher wir kamen den heimischen Bergen, mir
angstvoll
Eng und enger das Herz zuschnürte mit düsterer Ah-
nung –

Schleichende Nebel umspannen die wälderbekleideten
Anhöh'n,
Als mir im Abendgedämmer, die felsige Klamm und
den Grenzmarkt
Hinter uns lassend, befuhren die Straße, auf der ich als
Flüchtling –
Jahre mich dünkten verflossen seitdem – hinstürmt' in
der Lenznacht.
Herbst nun war es geworden; schon hatten die Lärchen
die grüne
Tracht mit der gelben vertauscht, und vom häufigen
Regen geschwollen
Wälzte durch Tiümmergesteine das trübe Gewässer der

Gießbach

Schaurig erklang mir sein wüthendes Brausen, dem
bald sich des Hammers
Wuchtiges Stampfen vermischte, als pochte ein eisern
Verhängnis
Einlaßheischend an's Thor. Und näher dem Schlosse –
in's Dunkel
Brach mattschimmernd ein Licht aus den Fenstern des
oberen Stockwerks –
Rollte der Wagen nun zu. Abspring' ich behend', wo
der Gehweg
Führt in den vorderen Park, durch die finstere Kasta-
nienallee hin –
Raschelnder Blätter Gemeng' aufwühlend im Lauf mit
den Füßen –
Stockenden Athems enteil' ich; – noch eine Minute, und
Bertha
Kommt mir im Vorhaus entgegen – wir halten uns
schluchzend umfangen. –
Wie wir, uns fassend, sodann aufstiegen die Treppe,
und leise
Traten in's Zimmer des Kranken, der weich in die Kis-
sen des Lehnstuhls
Ruhte geschmiegt, wie ich ihm stürzte zu Füßen, und
segnend
Ueber mich Knieenden er ausstreckte die Hände – die
Sprache
War schon gewichen von ihm; doch über sein strenges
Gesicht flog
Glücklichen Lächelns ein Strahl – nicht will ich's des
Weiter'n beschreiben.

Wenige Tage darauf war der Vater verschieden. Nach
Ablauf
Eines Jahres der Trauer und Sorgen betreffs der Ge-
werkschaft,
Der ich mich ganz nun zu widmen gelobt', nachholend
Versäumtes
Wurde mir Bertha vermählt in der nahen Capelle. –

Von Heinrich
Lang nichts konnt' ich erfahren, so sehr ich bemüht
war, verschollen
Schien er durchaus; – da las ich einstmals die Notiz in
der Zeitung:
Daß er in einem Duell mit dem Fürsten Brandini gefal-
len. –
Also ward er entrissen der Kunst in der Blüthe des Le-
bens! –
Aber ich selbst: nie wieder Palette und Pinsel berührt'
ich,
Seit ich das Tivoli-Bildchen gemalt und mir ewig zur
Warnung
Aufhing dort an der Wand.« –

– So schloß die Geschichte der Werksherr.
Schnell anknüpfend an's Letzte versetzte der Maler:
»Und gleichwohl!
Unrecht thaten Sie d'ran, denn ohne zu schmeicheln,
noch einmal
Sei es gesagt – und ich scheute mich nimmer das Wort
zu behaupten,
Wäre versammelt um uns der gewählteste krit'sche Ge-
richtshof: –
Brav ist das Bildchen gemalt, und ein rechtes Vermö-
gen bezeugt es.«
D'rauf sich vom Sessel erhebend zum Gaste der freund-
liche Hauswirth :
»Was wir vermögen – wer sagt es uns an? Abhängig
vom Zufall
Ist der Erfolg, und bestechlich Kritik und ein trüglicher
Maßstab
Sei es im Guten, im Schlechten, der Freunde befangenes
Urtheil.
Bleibt nur, die nimmer uns täuscht auf die Länge: des
eig'nen Gewissens
Flüsternde Stimme, und die zuflüstert mir Folgendes:
»»Möglich,
Daß Du so weit es gebracht wohl hättest, wie andere

Viele,
Die da zufrieden sich geben mit etlichen Blättern des
Kranzes;
Aber Du wolltest den vollen – aut Caesar aut nihil! –
und diesen
Hättest Du niemals erreicht!«« – So spricht das Gewis-
sen. Doch nunmehr
Lassen Sie uns getrost aufsuchen das Lager! – Die
Thurmuhr,
Mitternacht schlug sie bereits – und wie lautet der irdi-
sche Spruch schon?
»Ruhen ist besser als Gehen, und Schlafen ist besser als
Wachen,
Und der Tod ist das Beste von Allem!« – Den dritten
der Sätze
Laß ich nicht gelten jedoch. Mag weltentfremdet und
ruhmlos
Auch hinfließen das Leben: – So lange die Liebe es aus-
schmückt,
Werth ist's gelebt und geliebt noch zu werden. – Das
Höchste ist Gutsein!«

Über tredition

Eigenes Buch veröffentlichen

tredition wurde 2006 in Hamburg gegründet und hat seither mehrere tausend Buchtitel veröffentlicht. Autoren veröffentlichen in wenigen leichten Schritten gedruckte Bücher, e-Books und audio-Books. tredition hat das Ziel, die beste und fairste Veröffentlichungsmöglichkeit für Autoren zu bieten.

tredition wurde mit der Erkenntnis gegründet, dass nur etwa jedes 200. bei Verlagen eingereichte Manuskript veröffentlicht wird. Dabei hat jedes Buch seinen Markt, also seine Leser. tredition sorgt dafür, dass für jedes Buch die Leserschaft auch erreicht wird.

Im einzigartigen Literatur-Netzwerk von tredition bieten zahlreiche Literatur-Partner (das sind Lektoren, Übersetzer, Hörbuchsprecher und Illustratoren) ihre Dienstleistung an, um Manuskripte zu verbessern oder die Vielfalt zu erhöhen. Autoren vereinbaren direkt mit den Literatur-Partnern die Konditionen ihrer Zusammenarbeit und partizipieren gemeinsam am Erfolg des Buches.

Das gesamte Verlagsprogramm von tredition ist bei allen stationären Buchhandlungen und Online-Buchhändlern wie z. B. Amazon erhältlich. e-Books stehen bei den führenden Online-Portalen (z. B. iBookstore von Apple oder Kindle von Amazon) zum Verkauf.

Einfach leicht ein Buch veröffentlichen: **www.tredition.de**

Eigene Buchreihe oder eigenen Verlag gründen

Seit 2009 bietet tredition sein Verlagskonzept auch als sogenanntes "White-Label" an. Das bedeutet, dass andere Unternehmen, Institutionen und Personen risikofrei und unkompliziert selbst zum Herausgeber von Büchern und Buchreihen unter eigener Marke werden können. tredition übernimmt dabei das komplette Herstellungs- und Distributionsrisiko.

Zahlreiche Zeitschriften-, Zeitungs- und Buchverlage, Universitäten, Forschungseinrichtungen u.v.m. nutzen diese Dienstleistung von tredition, um unter eigener Marke ohne Risiko Bücher zu verlegen.

Alle Informationen im Internet: **www.tredition.de/fuer-verlage**

tredition wurde mit mehreren Innovationspreisen ausgezeichnet, u. a. mit dem Webfuture Award und dem Innovationspreis der Buch Digitale.

tredition ist Mitglied im Börsenverein des Deutschen Buchhandels.

Dieses Werk elektronisch lesen

Dieses Werk ist Teil der Gutenberg-DE Edition DVD. Diese enthält das komplette Archiv des Projekt Gutenberg-DE. Die DVD ist im Internet erhältlich auf **http://gutenbergshop.abc.de**

Zeitfracht Medien GmbH
Ferdinand-Jühlke-Straße 7
99095 Erfurt, Deutschland
produktsicherheit@kolibri360.de